DEUTSCHE RICHTER
von damals bis heute

DEUTSCHE RICHTER
von damals bis heute

aus den Erfahrungen von

Hubertus Scheurer

Bibliografische Information der Deutschen Nationalbibliothek:
Die Deutsche Nationalbibliothek verzeichnet diese Publikation
in der Deutschen Nationalbibliografie; detaillierte bibliografische
Daten sind im Internet über http://dnb.dnb.de abrufbar.

© 2014 Hubertus Scheurer
Umschlaggestaltung Willy Arndt
Satz, Herstellung und Verlag:
BoD - Books on Demand

ISBN: 978-3-7357-6915-2

Inhaltsverzeichnis

Deutsche Richter

Deutsche Richter im Volkstribunal,
Vor ihnen gedemütigt ein General,
Der sich die rutschende Hose hält;
Man nahm ihm den Gürtel, der Anblick gefällt.

Das Urteil vor der Verhandlung beschlossen:
Ein Verräter wird gehängt oder erschossen!
Jetzt ging es darum, ihm die Würde zu nehmen,
Der General sollte sich öffentlich schämen.

So wurde von Richtern Recht gesprochen,
Wurden Menschen im Namen des Volkes gebrochen;
Die Geschichte hat später richtiggestellt,
Die Richter war'n Lumpen, der General war ein Held.

Deutsche Richter im Volksgerichtssaal
Wurden den Freiheitsgesinnten zur Qual;
Wer an der Mauer festgenommen,
Sollte nun hinter Gittern verkommen.

So wurde von Richtern Recht gesprochen,
Wurden Menschen von ihren Richtern gebrochen,
Und wieder bemerkte man viel zu spät,
Durch Gesetz wurde Recht in Unrecht verdreht.

Deutsche Richter nicht zu beneiden,
Täten gut daran, sich zu bescheiden;
Richten in furchtbarer Tradition
Furchtbarer Urteile dem Recht zum Hohn.

Richter als bloße Rechtstechnokraten,
Vorboten unheilvoller Taten;
Richter, die einen Rechtsstaat bauen,
Richten behutsam, schaffen Vertrauen.

Laßt Euch sagen!

Um dem Unrecht zu entgehen,
Heißt es, Augen auf und sehen;
Dies war das Gebot der Stunde
Als die Nazi-Schweinehunde

Sich im Lande etablierten
Und in Richtung Krieg marschierten;
Hunderte von Literaten
Rochen rechtzeitig den Braten,

Flüchteten von deutscher Stätte,
Wo man sie gebraten hätte
Ins Exil, von wo man schaute,
Wie der Führer Öfen baute

Und laut tönte, demnächst sollen
Hier im Land die Köpfe rollen;
Was sie dann auch reichlich taten,
Blut floß, man konnt darin waten.

Bis das Land den Krieg verloren,
Aus der Asche neugeboren,
Sollte sich noch mal erheben,
Um die Freiheit zu erleben.

Trotzdem wollte man mitnichten
Auf die Seilschaften verzichten,
Die bereits dem Führer nützten,
Ihn mit Tatkraft unterstützten.

Richterliche Henkersknechte
Wurden wieder Herrn der Rechte,
Hohe Nazi-Bürokraten
Durften weiterhin beraten.

Hielten sich auf höchsten Plätzen,
Wollte man dort nicht ersetzen;
So befanden Literaten
War der Neubeginn mißraten,

Dennoch konnt, wenn wir vergleichen,
Respektables man erreichen,
Doch es reicht nicht, laßt Euch sagen,
Um die Nase hoch zu tragen.

Aus dem Dunkel zum Licht

Volksgerichtshof hier im Lande,
Er gereichte uns zur Schande
Mit den Richtern, die vollstrecken
Der Tyrannenherrschaft Schrecken.

Straften gängig nach der Mode
Unliebsame mit dem Tode;
Sie, in ihren dunklen Roben
Mochten schreien, wüten, toben,

Doch es gab die Unverzagten,
Von der Mordbrut angeklagten,
Die auch jetzt noch aufrechtstanden,
Mutig diese Worte fanden:*

Unsrem deutschen Land zu Ehren
Gilt es Unrecht abzuwehren,
Zu bekämpfen, aufzudecken,
Was die Welt erfüllt mit Schrecken.

Wie Sie immer mögen richten,
Die uns auferlegten Pflichten
Sind uns heilig, und wir geben
Für die Freiheit unser Leben.

Wir stehn fest in unsrem Glauben,
Keine Macht kann ihn uns rauben,
Deutschland darf nicht untergehen,
Möge wieder Licht bald sehen.

---

* *Sh.: »Freiheit unser höchstes Gut« Ein Lesebuch für die Abschlußklassen der Hamburger Schulen, Seite 105 f. Kurt Huber, Seite 107 f. Julius Leber.*

Die weiße Rose

Stolz im Deutschsein, dies Erleben
Kann »Die weiße Rose« geben;
Deshalb sollten wir sie hegen
Und der Jugend ans Herz legen.

Dabei ist sie unterdessen
Wie es scheint, fast ganz vergessen;
Sie, die in den schwersten Zeiten
Freiheitsrechte wollt erstreiten;

Hier in unsren deutschen Landen;
Junge Menschen, die dann standen
Vor den schaurig selbstgerechten
Richterlichen Henkersknechten,

Um gefaßt und ohne Bangen
Deren Urteil zu empfangen;
Diese Richter, das war Mode,
Straften grinsend mit dem Tode.

Gleichwohl im gepflegten Rahmen,
Nämlich in des Volkes Namen;
Was dahinter sie verstecken,
Kann auch heute noch erschrecken.

Nicht den Geist der weißen Rose,
Oftmals den der toten Hose,
Mit den abgestandnen Düften,
Die es dringend gilt zu lüften.

15

Deutschland Deutschland Deine Richter

Deutschland, Deutschland, Land der Dichter,
Was gebierst Du bloß für Richter?
Die, die einst den Führer lobten
Und wie die Berserker tobten.

Solche, die das Recht verlachten,
Den Prozeß, den kurzen, machten,
Die im Teilstaat Menschen quälten,
Die für sich die Freiheit wählten.

Und auch heute Rechtslakaien,
Die, so mein ich, Recht entweihen,
In der Willkür von Interessen,
Anstandslos das Recht vermessen.

Richten in des Volkes Namen,
Fallen aus gelobtem Rahmen,
Nicht an unsrem Rechtsstaat bauen,
Sondern nehmen das Vertrauen.

Da möcht ich die Richter loben,
Die verdienen ihre Roben,
Die im Rechtsgefühl nicht schwanken
Und dem Unrecht setzen Schranken.

Es gibt keinen sichren Hafen

Daß die dunkle Zeit vorüber,
Kehrt in dieser Form nie wieder,
Ist als sicher anzusehn,
Schon weil heute nicht bestehn,

Damalige Machtstrukturen;
Rückstellbar sind nicht die Uhren,
Brächt auch niemandem Gewinn,
Gäb von daher keinen Sinn.

Ob heut beßre Menschen leben,
Könnt vielleicht die Antwort geben,
Wenn man sie aus ihrem Jetzt
In vergangne Zeit versetzt.

Glaube ich, in ihrem Wesen
Sind die Menschen nicht genesen,
Werden immer gleich sich sein,
Manche gut, andre gemein.

Zeigte uns ein Fahndungsraster,
In die Zeit von damals paßt er,
Und der gute Biedermann,
Wäre plötzlich ein Tyrann.

Fänd man viele Schreibtischtäter,
Die ganz üblen Volksverräter;
Es geht mir ums Arsenal,
Wer ins Bild gehört mental.

Würde sich ganz sicher zeigen,
Viele tanzten mit im Reigen
Fürchterlicher Grausamkeit,
In Entsprechung jener Zeit.

Deshalb sollten wir nicht schlafen,
Es gibt keinen sichren Hafen,
Dürfen unrechtes Geschehn,
Heut nicht einfach übersehn.

Kinderopfer für das Recht

Stell Dir vor, Dein Kind müßt leiden
Qualvoll in Verbrecherhand,
Und der Rechtsstaat würd entscheiden
Hier bei uns im deutschen Land,

Daß die Täter wär'n zu schonen,
Sei es, daß Dein Kind drum stirbt,
Weil wir in dem Rechtsstaat wohnen,
Sonst die Rechtskultur verdirbt.

Würdest Du das wohl verstehen?
Kinderopfer für das Recht,
Ist der Rechtsstaat so zu sehen,
Wird mir übel, wird mir schlecht.

Die sich mutig widersetzen,
Um zu retten hier das Kind,
Können niemals Recht verletzen,
Weil bei Gott im Recht sie sind.

Der Rechtsdoktor

Uns bringt der Paragraphenreiter
Mit Doktortitel auch nicht weiter,
Wenn er vom Paragraph gelenkt,
Das Denken ganz und gar sich schenkt.

Und solche Paragraphenreiter,
Ich finde das durchaus nicht heiter,
Bekam ich mehrfach bei Gericht
Im Lauf der Jahre zu Gesicht.

Doch wenn der Kopf bis zu den Ohren
In Paragraphen eingefroren,
Dann bleibt kein Platz im Rechtsgewand
Für Rechtsempfinden und Verstand.

Zerbrochenes Recht

Grausam wurd sie umgebracht,
Eine Mutter von drei Kindern;
So der Weg sich freigemacht,
Um die Kasse auszuplündern.

Eine Spur, besonders heiß,
Sollte aufklärn das Verbrechen;
Wegen Mangels an Beweis,
War der Täter freizusprechen.

Jetzt stellt sich heraus ganz klar,
Die Beweise sind gefunden,
Daß er doch der Mörder war,
Die Justiz fühlt sich gebunden,

Daran, daß sie diesen Mann,
Da ein Urteil schon gesprochen,
Nicht mehr vor Gericht stelln kann,
Sonst würd mit dem Recht gebrochen.

Wie verrottet ist die Welt,
Läßt dies Scheusal einfach laufen,
Die so was für rechtens hält;
Man könnt sich die Haare raufen!

Ein schöner Rechtsstaat

Welch ein Rechtsstaat dieses Land,
Klatscht ein Kind glatt an die Wand,
Weil er nach Gesetzbeschluß
Den Verbrecher schützen muß.

Geht es aber um den Staat,
Ihn verteidigt der Soldat
Als der Vater von dem Kind,
Weht grad andersrum der Wind.

Schlag dem Feind den Schädel ein,
Walz ihn mit dem Panzer klein,
Oder zieh das Messer auch,
Stoß es ihm in seinen Bauch.

Da ist man nicht zimperlich
Und behängt mit Orden Dich,
Kämpfst Du für das Vaterland
Recht und Freiheit zum Bestand.

Für mich macht das wenig Sinn,
Da leg ich die Waffe hin,
Weil Verteidigung nur nützt,
Wenn man auch das Kind beschützt.

Ein richterlicher Rächer

Wird getötet ein Verbrecher,
Freue dich nur nicht zu früh,
Weil ein richterlicher Rächer,
Sieht er das, scheut keine Müh,

Dich, denn darin ist er eigen,
Bei des Staates Anwaltschaft*
Unverzüglich anzuzeigen,
Damit Strafe tritt in Kraft.

Fehlt nur noch, daß jemand heute,
Deshalb nehmt euch bloß in Acht,
Über Hitlers Tod sich freute,
Was der Richter dann wohl macht?

---

* Sh.: Hamburger Abendblatt vom 7.5.2011: »Hamburger
Richter zeigt Kanzlerin an«.

Die Freisler-Jugendhaftanstalten

Schulschwänzer in die Haftanstalt,
Dank richterlicher Strafgewalt;
Das hat doch was, auf diesen Trichter,
Da kamen nicht mal Nazi-Richter.

Hier liegt es nah, daß ein Freisler
Von der Idee begeistert wär;
So könnten solche Haftanstalten
Den Namen Freisler nun erhalten.

Wenn es dann erst mal Schule macht,
Was dieser Richter hat vollbracht,
Wird mancher wohl aus freien Stücken
Doch lieber gleich die Schulbank drücken.

Die grundsätzliche Bedeutung

Richter vom Finanzhof lehren,
Daß nicht von Bedeutung wären
Wahrheiten, die der Verstand
Hätt als richtig klar erkannt.*

Diese Paragraphenblinden
Wollen keine Wahrheit finden,
Denn die Paragraphenflut
Ist für sie das höchste Gut.

Nur die Flut der Paragraphen
Trägt ihr Schiff zum sichren Hafen,
Gäb es nicht den Paragraph
Kämen sie nicht in den Schlaf.

Deshalb wird den Paragraphen
Keinesfalls man Lügen strafen,
Ist er ab und zu verkehrt,
Mindert das nicht seinen Wert.

Und im Grundsatz kann das Denken
Man sich aufgrunddessen schenken,
So daß man in diesem Geist,
Was nun folgt weit von sich weist:

Grundsätzlich bedeutend wäre,
Daß man Wahrheit gibt die Ehre,
Für den rechtlichen Bestand
Und das Ansehn hier im Land.

---

* Sh.: »Mir reicht's – Deutschland ade« Seite 14.

Zwei und zwei sind drei

In der Schule lernten wir
Zwei und zwei sind genau vier,
Doch die Logik kam abhanden,
Heut wird das nicht mehr verstanden.

Selbst in höchsten Ämtern nicht
Und schon gar nicht bei Gericht;
Zwei und zwei, um das zu lösen,
Dies Problem mit Haken, Ösen,

Hieß es, das ist viel zu schwer,
Ja, da muß ein Fachmann her
Mit dem größten Sachverstand,
Wie der Richter klug befand.

So ein Mann mit Sachverstand
Dachte nach und gab bekannt:
Zwei und zwei sind genau drei,
Daran kommt man nicht vorbei.

Das vermutete ich schon
Sprach der Richter, ernst im Ton,
Und entsprechend wohlbedacht,
Hat sein Urteil er gemacht:

Selten war ein Fall so klar,
Wo ich mir so sicher war,
Vier spräch jeder Logik Hohn,
Es gibt keine Revision.

Recht und Freiheit

Das ist was für »Euer Ehren«,
Ich hört, daß sie Schwestern wären,
Recht und Freiheit, diese beiden
Können Unwahrheit nicht leiden,

Weil aus Wahrheit sie geboren,
Klingen da nicht Eure Ohren?
Ihr die Richter, wenn Ihr richtet,
Seid der Wahrheit doch verpflichtet.

Wenn die Richter aus den Lügen
Recht herleiten und sich fügen
Einem unwahren Geschehen,
Kann die Freiheit nicht bestehen.

Freiheit läßt sich nur erhalten,
Wenn im Wahren wir gestalten,
Und das Recht muß untergehen,
Wenn wir keine Freiheit sehen.

Der Paragraphenstaat

Recht und Ordnung sind die Stützen,
Um vor Willkür uns zu schützen;
Ist der Staat dazu imstand,
Wird er Rechtsstaat drum genannt.

Will er dieses Ziel erreichen,
Darf jedoch Vernunft nicht weichen,
Wenig hilfreich ist hier die
Paragraphenindustrie,

In der Hand von solchen Köpfen,
Die nicht aus der Tiefe schöpfen,
Denn beim rechten Rechtsgebrauch
Zähln Moral und Anstand auch.

Dieses Wissen wurd indessen
Oft beim Studium vergessen,
Hat man es nicht nahgebracht,
Bleibt es folglich außer acht.

Und es werden Herrn der Rechte
Dann die Paragraphenknechte,
Ohne jedes Rechtsgefühl,
Eignen Vorteil im Kalkül.

Doch die redlichen Juristen
Sollten ihren Stall ausmisten,
Denn die unheilvolle Saat
Bringt den Paragraphenstaat.

Ist kein Rechtsgefühl zu eigen

Wenn kein Rechtsgefühl zu eigen,
Wird man kaum von außen zeigen,
Wo es rechtlich geht entlang,
Und schon gar nicht unter Zwang.

Er, dem Rechtsgefühl nicht eigen,
Kann den rechten Weg nicht zeigen,
Fehlt moralisch ihm der Grund
Für den rechtlichen Befund.

Reicht nicht aus nur das Examen,
Selbst wenn Titel dazu kamen,
So fehlt manchem Advokat
Rechtlich jegliches Format.

Und auch richterliche Knappen
Werden dann zu Rechtsattrappen,
Wenn sie meinen, daß das Recht
Diente ihnen als ein Knecht.

Wer beschließt, im Recht zu leben,
Sollt dem Recht die Ehre geben;
Wer stattdessen sich nur ehrt,
Ist an diesem Platz verkehrt.

Verbotene Bücher

Niemals wollt ich Bücher schreiben,
Man schreibt ohnehin zu viel,
Das gehört um »in« zu bleiben,
Heute schon zum guten Stil.

Trotzdem habe ich geschrieben,
Denn für mich ging es um mehr,
So ist mir nur dies geblieben,
Um Gerechtigkeit und Ehr.

Was ich schrieb darf man nicht lesen,
Nämlich gleich der Bücher drei,
Ist der Richterspruch gewesen,
Doch ich schrieb mich dadurch frei.

Unterliegt mein Schreibstil Tadel,
Sagt man, er wär einfach schlecht,
Ich näh mit zu heißer Nadel,
Nun, da hat man sicher recht.

Drei verbotne Bücher schreiben,
Macht jedoch für sich schon Sinn,
Weil ich damit, das wird bleiben,
In bester Gesellschaft bin.

Im Landgericht

Ich empfinde es als Schande,
Hier zu stehn in diesem Lande,
Vor dem hohen Landgericht;
Richter schaut mir ins Gesicht.

Seh ich grausam die Kollegen,
Die damals mit Adolfs Segen
Hier mit Freude Pflicht getan,
Im verdammten Größenwahn.

Hat denn dieser Staat schon wieder
Machtgespinste im Gefieder?
Wird der einzelne entehrt,
Wenn er sich dagegen wehrt?

Unterlieg ich Rechtssystemen,
Die den Menschen Würde nehmen,
Schwand die normative Kraft,
Die das Rechtsvertrauen schafft?

Steh ich hier als der Beklagte,
Schmutzbeworfne Unverzagte,
Mit dem Kläger, der betrügt,
Mich und das Gericht belügt.

Mag nun der Prozeß beginnen,
Frag mich, wird das Recht gewinnen,
Oder wird es untergehn,
Bin gespannt, wir werden sehn.

Die Ordnungshaft

Es drohten mir in späten Jahren
Die Richter mit der Ordnungshaft;[*]
Hab so am eignen Leib erfahren,
Wie man in Deutschland Ordnung schafft;

Und dachte schon, in meinem Leben,
War Ordnung wesentliches Gut,
Zumindest immer mein Bestreben,
Lag mir doch eigentlich im Blut.

Zwar würd die Ordnungslieb' ich fassen,
Nie wie der große Goethe weit,
Der Unordnung begann zu hassen,
Fast mehr als Ungerechtigkeit.

Sollt Ungerechtigkeit ich sehen,
Setz ich mich ordnungshalber ein;
Die Richter können's nicht verstehen,
Sie glauben ordentlich zu sein,

Wenn sie Kritik im Keim abtöten,
Nur selten machte sie beliebt,
Und halten dafür Haft vonnöten,
So hört es auf, daß es sie gibt.

---

*Sh.: »Erlebnisse im Hotel mit König Alfred und seinem Hanswurst« Band I, Seite 37 u. 38.

Der sachverhaltliche Tatbestand

Verfügt wurd: Es muß unterbleiben,
Die Sachverhalte zu beschreiben!
Denn dies, so hatte man erkannt,
Erfüllte klar den Tatbestand,

Daß die getadelten Parteien,
Mit gutem Recht beleidigt seien.
Dabei war's grade umgekehrt,
Der Sachverhalt hätt dies geklärt.

Vielleicht erkennt man aber später,
Beleidigt fühlten sich die Täter;
So wurd, oh wundersame Welt,
Das Recht mal auf den Kopf gestellt.

Den Sachverhalt sollt man ergründen,
Danach den Tatbestand verkünden,
Damit das Recht, recht eingestellt,
So wieder auf die Füße fällt.

Wie die Haft auch Freiheit schafft

Wer bekäme keinen Schrecken,
Wenn er vom Gericht es hört,
In den Knast würd man ihn stecken,
Wenn er weiter sich empört.

So kann es Dir heut ergehen,
Kämpfst Du für Gerechtigkeit,
Eigentlich nicht zu verstehen,
Sind wir frei in dieser Zeit?

Leider mangelt's an Vertrauen,
Viele sagten, traue nicht,
Und Du kannst bestimmt nicht bauen,
Auf Dein Recht bei dem Gericht.

Ich glaub schon, man muß es wagen,
Für die Freiheit einzustehn,
Sonst darf man sich nicht beklagen,
Wenn die Rechte untergehn.

Sollte man in Haft mich zwingen,
Damit wieder Ruhe sei,
Könnt das Gegenteil gelingen,
Setzt das, was ich schrieb, erst frei.

Also werden wir vertrauen
Uns, was immer mag geschehn,
Unverzagt die Zukunft schauen,
Trotz der Schmähung aufrecht stehn.

Das Recht ist nicht im Gleichgewicht

Ich stelle fest, ganz einfach schlicht,
Das Recht ist nicht im Gleichgewicht;
Die Wege, die die Richter gehn,
Sind häufig nicht mehr zu verstehn.

Da hat mit Lumpen man Geduld,
Vielleicht hat auch das Opfer schuld,
Und meint, daß sich ein freier Mann,
Wahrscheinlich eher bessern kann.

Schlägt der Verbrecher wieder zu,
Zieht man sich an nicht diesen Schuh,
Man hat es schließlich gut gemeint,
Auch wenn ein neues Opfer weint.

Doch wenn Du einen König schmähst,
Weil Du für Recht und Freiheit stehst,
Da sind die Richter voll im Saft,
Verfügen sofort Ordnungshaft.

Vertreten so des Staates Macht,
Da sag ich für mich gute Nacht,
Für solchen Staat war ich bereit,
Mich einzusetzen jederzeit.

Ich kann's auch sagen einfach, schnöd,
Wahrscheinlich war ich wohl zu blöd,
Denn nur ein wirklicher armer Tropf,
Riskiert für solche Herrn den Kopf.

Das Königsprivileg

Mit dem Königsprivilege
Sind wir auf dem rechten Wege,
Darf der König jetzt beim Klagen
Gern die Unwahrheit uns sagen,

Wenn er's besser wissen konnte,
Sich im Unwissen nur sonnte;
Ich mein, es ist Rechtverdrehen,
Wenn die Richter solches sehen,

Und dem König zugestehen,
So kann es ruhig weiter gehen,
Da ihm fehlte bessres Wissen,
Das er wollte gerne missen.

Fehlt noch zum Beweis der Lüge,
Daß er's Mal des Kain trüge,
Sichtbar auf der Stirn für alle,
Nur in einem solchen Falle,

Gäb es dann auch ein Verschulden,
Welches man braucht nicht zu dulden;
So läßt sich der Weg beschreiten,
Hin zu guten alten Zeiten.

Für den Rechtsstaat

Beleidigung, versteh ich nicht,
Soll sein, wenn man die Wahrheit spricht,
Was ich nun per Gerichtsbeschluß
Mit Drohung akzeptieren muß.

Es kann auch sein, daß das Gericht,
Entschied, wir prüfen einfach nicht,
Und unterstelln, daß wer da klagt,
In jedem Fall die Wahrheit sagt.

Ist dies der Weg von unsrem Recht,
Dann steht's um unsren Rechtsstaat schlecht;
Es wird im Gegenteil zur Pflicht,
Zu sagen, nein, das mach ich nicht!

Hab sogar unter Eid bekannt,
Mich einzusetzen für das Land;
Für Recht und Freiheit einzustehn,
Mit Mut den rechten Weg zu gehn.

Wenn heute ein Gericht verfügt,
Daß der im Recht ist, der betrügt,
Dann wird es Zeit zum Widerstand,
Wie einst gelobt dem Vaterland.

König Alfreds Richter

Meinen Glückwunsch Euer Ehren,
Wie Sie mit dem Recht verkehren,
Da kann ich wohl voll Vertrauen
Nun in meine Zukunft schauen.

Ja, ich fühle das Vergnügen,
Wie Sie einstweilig verfügen,
Ohne Not, und nicht begründen,
Wie sie aussehn, meine Sünden.

Werden sich die Gegner freuen,
Die wie Finken Schmutz verstreuen,
Und die milden Kostengaben
Sicher wohl verdient sich haben.

Sollten auch zurück nicht schrecken,
Ihren Anspruch zu vollstrecken,
Dürfen sogar Zinsen nehmen,
Nein, sie werden sich nicht schämen.

Das tun dafür die Kollegen,
Die noch Wert auf Anstand legen,
Die im Rechtsgefühl nicht schwanken,
Ihnen möcht ich herzlich danken.

Fürs Recht zugrunde gehen

Ein alter Rechtsgrundsatz besagt,
Daß, wenn ein Mensch wird angeklagt,
Der Kläger zu beweisen hat,
Dem Angeklagten seine Tat.

Solang noch aussteht der Beweis,
Gibt man nicht dessen Unschuld preis,
Und dies ist gut, man braucht Geduld,
Verurteilt niemand ohne Schuld.

Anders bei Hamburgs Landgericht,
Kennt man dort diesen Grundsatz nicht?
Mit dem, wie man mich hat belehrt,
Wurd er ins Gegenteil verkehrt.

Wenn hier der Kläger weiter lügt,
Wird das nicht vom Gericht gerügt;
Kein Grund, daß er dies unterläßt,
Stellt jetzt nicht der Beklagte fest,

Durch den Beweis eindeutig klar,
Daß schuldhaft es der Kläger war,
Der laut getönt aus falscher Brust,
Obwohl er's besser wissen mußt.

Da braucht ich wirklich guten Rat,
Fand aber niemand in der Tat,
Der den Beschluß konnte verstehn,
Und wußt, wie's könnt vonstatten gehn.

41

So steh ich hier, ich armer Tor,
Und geh nun analytisch vor,
So, daß vielleicht doch noch gelingt,
Was Goethes Faust nicht fertig bringt.

Stellt sich als dumm der Kläger hin,
Heißt dies, daß ich der Dumme bin,
Denn damit zeigte er doch an,
Daß er nichts besser wissen kann.

Ich müßt ihn führn aufs glatte Eis
Im Antidämlichkeitsbeweis;
Am besten wär die Beugehaft,
Die so zurück sein Wissen schafft.

Dies würde deshalb schon nicht gehn,
Weil Richter hinter mir nicht stehn;
Und es gibt manchen klugen Mann,
Der sich nicht mehr erinnern kann.

Auch den, der gar nicht wissen wollt,
Das, was er einfach wissen sollt;
Nun ja, man macht es mir nicht leicht,
Bisher hab ich noch nichts erreicht.

Steh mit dem Rücken hin zur Wand,
Hab aber doch was in der Hand;
Ich frag den Kläger, bitte sehr,
Wo ist das gute Wissen her?

Der Zeuge, nun, das ist recht dumm,
Fiel, wie bekannt, schon halbwegs um,
Der Kläger hat, nun gebt gut acht,
Den Vorwurf sich halb ausgedacht.

Doch Recht ist eine harte Nuß,
Die trotz Beweis man knacken muß,
Und spieln die Richter da nicht mit,
Wirst Du belohnt mit einem Tritt.

Könnt helfen ich dem Recht zum Recht,
So, daß entschieden würd gerecht,
Dann könnt ich, wie einst Faust es sehn,
Und dafür gern zugrunde gehn.

Die Verkündung

König Alfred kann sich freuen,
Denn ich hört, die Königstreuen,
Hätten sich dafür entschieden,
Daß er weiter kann in Frieden,

Seine ganze Macht entfalten,
Um im Unrecht zu gestalten,
Seiner Klage wäre eben,
Vollen Umfangs stattzugeben.

Kosten muß er auch nicht tragen,
Weil er ja zurecht tat klagen;
Das wär's erst einmal gewesen,
Die Begründung könnt man lesen,

Wenn sie demnächst wär geschrieben,
Bis dahin wird mir geblieben
Sein die Zeit, um zu berichten,
Noch von weiteren Geschichten.

Für die Richter möcht ich hoffen,
Daß der König frei und offen,
Wird mit Würsten sie beschenken,
Ihrer Großtat zum Gedenken.

Besser noch, er würd statt Würsten,
Sie jetzt zähln zu seinen Fürsten
Oder auch zu Para-Grafen,
Das reicht schon, um gut zu schlafen.

Im Namen des Volkes

Was wir in des Volkes Namen
Schon für Urteile bekamen,
Mag man seinen Namen nennen,
Kaum würd's sich dazu bekennen.

Sollen mich die Richter schelten
Für ihr Urteil würd dies gelten,
Nur den König kann es freuen,
Er braucht gar nichts zu bereuen,

Und das Volk, es darf nicht hören,
Was den König könnte stören;
Da kann ich vergeblich klagen,
Doch den Richtern möcht ich sagen:

Meine Dame, meine Herren,
Wenn Sie sich beharrlich sperren,
Nur die eine Seite sehen,
Wird das Volk dies kaum verstehen.

Wenn Sie ständig wiederholen,
Fuchs, Du hast die Gans gestohlen,
Die der König längst gegessen,
Frag ich mich, wie Sie denn messen;

Gast zu sein bei einem König,
Schert das wirklich Sie so wenig,
Einem Gast die Ehre stehlen,
Das soll heute nichts mehr zählen?

Hinter Dienern sich verstecken,
Damit wollen Sie ihn decken?
Was der König vorgetragen,
Hört man keinen Diener sagen!

Sollten Sie sich redlich zeigen
Und die Wahrheit nicht verschweigen,
Was dem König wurd zur Schande,
Wär so üblich hier im Lande?

Soll man weinen, soll man lachen,
Wenn Sie solche Späße machen,
Könnte sich das Volk beschweren,
Daß Sie es zu wenig ehren.

Leben wir denn auf dem Mist?

Was geschah im dritten Reich,
Nun, Herr Richter Pflaumenweich?
Wie fing dort das Übel an,
Ob man sich erinnern kann?

Erst wurde der Mensch entehrt,
Gleichfalls für pervers erklärt,
Und im weiteren Verlauf ...
Gehen jetzt die Augen auf?

Was? Der König wurd geschmäht,
Weil man aufrecht vor ihm steht?
Sich nicht infizieren lässt,
Von dem Gift der Schweinepest?

Zählt nicht mehr des Königs Tat,
Wird nach richterlichem Rat,
Sie auch noch zum Recht erklärt,
Läuft ganz sicher was verkehrt.

Wird des Königs Gast entehrt,
Ist das nicht der Rede wert,
Weil das hier so üblich ist,
Leben wir denn auf dem Mist?

Sind wir wirklich schon so weit,
Im Beginn vergangner Zeit;
Zähln Moral und Anstand nicht
Bei dem hohen Landgericht?

Ich ruf nicht »Heil Alfred«, nein!
Säh ihn gern im wahren Sein,
Auch in heiligen Gewändern,
Doch der König muß sich ändern!

Wie zu guten alten Zeiten

Den Verleumder zu benennen,
Nein, da stehn die Richter vor,
Die sich zu dem Herrn bekennen,
Singen acht Mann hoch im Chor:

Seinen Namen kundzugeben,
Wär ein sträfliches Vergehn,
Denn im öffentlichen Leben
Ist der Herr höchst angesehn.

Ihm sollen die Rechte dienen,
Schließt Verleumdung gleich mit ein,
Und die Richter raten Ihnen,
Nicht so zimperlich zu sein.

Werden Sie zur Ordnung rufen,
So was kostet richtig Geld,
Haft folgt dann in weitren Stufen,
Wenn die Ordnung nicht gefällt.

Zeiten, wie die guten alten,
Ruft da wach das Rechtssystem,
Man braucht nur den Mund zu halten,
Lebt dann äußerst angenehm.

Die Affenschande

Was mir widerfahrn im Lande,
Ich sag, eine Affenschande;
Als normal wird angesehn,
Was ein Affe würd verstehn,

Wenn er vor dem Silberrücken
Untertänigst sich muß bücken,
Damit der nicht schlägt und beißt,
Ihn vielleicht in Stücke reißt.

Lernten hier im Land die Laffen
Zwischenzeitlich von den Affen,
Denk ich, sollt ich widerstehn
Und nicht in die Kniee gehn.

Doch die Landesrichter lachen,
Wollen mich zum Affen machen,
Der erschreckt vom Ordnungsgeld
Tunlichst seine Klappe hält.
Grad so wie im Land der Affen
Geht's dann zu, sie könnten's schaffen;
Da muß sagen der Verstand,
Das ist eine Affenschand.

Aus den Angeln

Weil's dem Richter so gefällt,
Mußt ich zahlen Ordnungsgeld,
Da er sonst die Ordnung schafft
Hier im Land mit Ordnungshaft.

Was er schlicht für Ordnung hält,
Hat sie auf den Kopf gestellt,
Denn für mich ist sie derweil
Ganz genau das Gegenteil.

Ordnung tut auf wahrem Grund
Sich dem Ordentlichen kund,
Doch der Richter scheut das Licht,
Wahrheit hören will er nicht.

Sie paßt nicht in seine Welt,
Fasziniert vom großen Geld,
Und dazu vom Schein entzückt,
Hat er sie schnell unterdrückt.
Für den Rechtsstaat merklich schlecht
Entsteht so ein Ordnungsrecht,
Das ihn, so bahnt es sich an,
Aus den Angeln heben kann.

iah, iah

Das Eselstribunal

Wenn mal wieder Eseleien
Vom Gericht zum Himmel schreien,
Tritt an mich die Frage ran,
Was man daran ändern kann.

Hätte ich für mich zu wählen,
Würd ich auf den Esel zählen,
Denn ein Eselstribunal
Wär für mich die erste Wahl.

Man brauchte nicht lang zu klagen,
Mit dem Unverstand sich plagen,
Kosten würden kaum entstehn,
Der Prozeß so vor sich gehn:

Alle müßten sich verbeugen,
Um dem Esel zu bezeugen,
Daß eine Autorität
Hier vor den Parteien steht.

Dann geht es sogleich ums Ganze,
Man zieht an des Esels Schwanze,
Der darauf, stets unbegründet,
Seinen Urteilsspruch verkündet.

Schreit der Esel dreimal laut,
Hätte ich auf Sand gebaut,
Und beim vierten Mal, nicht schlecht,
Wäre ich diesmal im Recht.

Damit wär der Fall entschieden,
Weitres Hin und Her vermieden,
Denn die höhere Instanz,
Die entfällt natürlich ganz.

Für das Deutschsein

Mit dem Urteil meiner Richter
Schaut ich wieder die Gesichter,
Die im Wust der Niedrigkeiten,
Unbehagen uns bereiten.

Die den Heimatgrund mir nehmen,
Muß ich für ein Land mich schämen,
Wo die Wahrheit wird betrogen,
In dem Unrecht aufgesogen.

Für mich zählt Entweder-oder,
Und wenn in dem faulen Moder
Lug und Trug zum Himmel schreien,[*]
Kann kein wahres Sein gedeihen.

Wenn die Tüchtigkeitsmaschinen,[**]
Mit der Lenkung wie bei Bienen,
Im Betrug den Ton angeben,
Stirbt ein würdevolles Leben.

Nur wenn viele aufrecht gehen,
Diesen Mächten widerstehen,
Kann das Deutschsein im Bemühen[***]
Auch im Geiste neu erblühen.

---

[*]   Karl Jaspers »Mitverantwortlicher« Seite 299.
[**] Karl Jaspers, w.v.
[***] Karl Jaspers, w.v.

Ist kein Rechtsgefühl zu eigen

Wenn kein Rechtsgefühl zu eigen,
Wird man kaum von außen zeigen,
Wo es rechtlich geht entlang,
Und schon gar nicht unter Zwang.

Er, dem Rechtsgefühl nicht eigen,
Kann den rechten Weg nicht zeigen,
Fehlt moralisch ihm der Grund
Für den rechtlichen Befund.

Reicht nicht aus nur das Examen,
Selbst wenn Titel dazu kamen,
So fehlt manchem Advokat
Rechtlich jegliches Format.

Und auch richterliche Knappen
Werden dann zu Rechtsattrappen,
Wenn sie meinen, daß das Recht
Diente ihnen als ein Knecht.

Wer beschließt, im Recht zu leben,
Sollt dem Recht die Ehre geben;
Wer stattdessen sich nur ehrt,
Ist an diesem Platz verkehrt.

Zwei paar Stiefel

Im Recht zu sein und Recht bekommen,
Es weiß heute jedes Kind,
Ausnahmen wohl ausgenommen,
Daß dies zwei paar Stiefel sind.

Sollte doch zu denken geben
Den Organen der Justiz,
Ob wir denn noch rechtens leben,
Nannte ich schon ein Indiz,

Für geschwundenes Vertrauen,
Müßte recht bedenklich sein,
Worauf kann der Rechtsstaat bauen,
Stellt sich kein Vertrauen ein.

Es reicht nicht das Rechtsgezeter,
Weltfremd, paragraphenblind,
Wenn so viele Rechtsvertreter
Nicht des Rechtes Träger sind.

Richten in des Volkes Namen,
Wird das erst zum leeren Wort,
Meine Herren, meine Damen,
Schwemmt das auch den Rechtsstaat fort.

Lag das deutsche Land danieder,
Weil des Rechtes Seele schwand,
Denkt bei Eurem Handeln wieder
An das deutsche Vaterland.

Der Trommler

Staatsanwalt und auch die Richter,
Eins wie's andre die Gesichter,
Eingefurchte Paragraphen,
Selbstgefällig handeln, strafen.

Diener in den schwarzen Roben,
Die gern ihre Macht erproben,
Der Gerechtigkeit zuwider,
Spielen sie des Königs Lieder.

Eingefrorn im Staatsgebilde,
Undurchsichtig diese Gilde,
Will zum Wohl des Staates hoffen,
Daß ich Ausnahmen getroffen.

Doch ich hört sehr oft die Klagen,
Daß die Bürger dran verzagen,
Der Gerechtigkeit nicht trauen,
Augen schließen und wegschauen.

Fehlt der Trommler, der mit Singen
Läßt die Scheiben klirren, springen,
Um die Köpfe zu bewegen,
Aufbegehren und erregen,

Gegen jene Obrigkeiten,
In Verantwortung beizeiten,
So an einem Staate bauen,
Dem man schenken kann Vertrauen.

Richter mit den klugen Köpfen

Es kann wahrlich nicht erfreuen,
Wenn die Richter wiederkäuen,
Einer nach dem andern kaut,
Kaut und kaut, doch nichts verdaut.

Unverdautes liegt im Magen
Schwer, es führt zu Unbehagen,
Wenn gleichwohl dann das Gericht
Aus dem Bauch ein Urteil spricht.

Richter mit den klugen Köpfen
Sollten aus dem Geiste schöpfen,
Denn es ist doch wohl bekannt,
Richtet dort der Unverstand,

Kann man die Gerichte meiden,
Solln die Würfel gleich entscheiden,
Und zudem erspart man so
Sich das Kostenrisiko.

Richter lernen wieder schauen,
Haben sie nichts mehr zu kauen,
Kommt Zeit, wo man sich besinnt,
Geist erblüht und Recht gewinnt.

Recht und Freiheit

Das ist was für »Euer Ehren«,
Ich hört, daß sie Schwestern wären,
Recht und Freiheit, diese beiden
Können Unwahrheit nicht leiden,

Weil aus Wahrheit sie geboren,
Klingen da nicht Eure Ohren?
Ihr die Richter, wenn Ihr richtet,
Seid der Wahrheit doch verpflichtet.

Wenn die Richter aus den Lügen
Recht herleiten und sich fügen
Einem unwahren Geschehen,
Kann die Freiheit nicht bestehen.

Freiheit läßt sich nur erhalten,
Wenn im Wahren wir gestalten,
Und das Recht muß untergehen,
Wenn wir keine Freiheit sehen.

Wider die Wahrheit

Feind der Wahrheit ist der Wille,
Der verschrieben sich der Macht,
Auswächst sich in aller Stille,
Bis er jedes Recht verlacht.

Der im Scheine sich verkleidet
Als sucht er der Wahrheit Licht,
In der Wirklichkeit sie meidet,
Denn die Wahrheit nützt ihm nicht.

Macht die Lüge zu dem Wahren,
So, daß jetzt die Wahrheit lügt,
Und im weiteren Gebaren
Ehrlich scheint, der wer betrügt.

Darf man öffentlich nicht zeigen,
Was geschieht in einem Land,
Wird verordnet gar das Schweigen,
Führt das leicht zum Flächenbrand.

Wahrheit hinter Schloß und Riegel,
Lüge, die als Wahrheit gilt,
Zeigt dann wie in einem Spiegel
Das gesellschaftliche Bild.

Eine wundersame Welt

Schwerbehindert war die Dame,
Konnt nicht ohne Hilfe gehn,
Nachgereicht wird gern ihr Name,
Der Professor wollt sie sehn.

So hab ich sie hingefahren,
Hielt direkt vorm Krankenhaus,
Denn sie mußte Kräfte sparen,
Nur mit Mühe stieg sie aus.

Schließlich konnt ich sie nicht tragen,
Doch drei Plätze waren frei,
Allerdings für Krankenwagen
Und für die der Polizei.

All die andren in der Nähe
Waren wieder voll besetzt,
Man denkt dort, wie ich das sehe,
An Behinderte zuletzt.

Einen freien Platz belegen,
Schien in unsrem Fall normal,
Wie sie sonst zum Arzt bewegen,
Mir blieb keine andre Wahl.

Hiermit hab ich ihn beschrieben,
Den genauen Sachverhalt,
Der nun ließ, nicht übertrieben,
Den Beamten völlig kalt.

Deshalb soll ich dafür büßen,
Falsches Parken kostet Geld,
Deutscher Kleingeist, er läßt grüßen,
Eine wundersame Welt.

Wenn, wo Hilfe wird gegeben,
Er von Fehlverhalten spricht,
Doch demnächst kann man erleben
In der Sache das Gericht.

Und darüber wird berichtet
Dann im folgenden Gedicht,
Schaun wir mal wie es gewichtet,
Ob beim Schatten ist auch Licht.

Im Strafgericht

Da sitz ich nun im Strafgericht,
Verplemper meine Zeit,
Doch der Termin, er ist in Sicht,
Noch ist es nicht soweit.

Die kranke Frau, sie liegt zu Haus,
Ich wünscht, ich wär bei ihr,
Stattdessen harre ich hier aus
Und mach Gedanken mir.

Ganz sicher brauchte sie mich sehr,
Davor steht das Gericht,
Was wohl erwarten wir schon mehr,
Es tut nur seine Pflicht.

Der Richter kam, ich las ihm vor
Das Sachverhaltsgedicht,*
Sieh an, er war sogar ganz Ohr,
Beeindruckt hat's ihn nicht.

Für ihn zählt nur der Paragraph,
Das hatt ich mir gedacht,
So wurd von ihm dann treu und brav
Sein Urteil schnell gemacht.

Schuldig! Verkündigte er jetzt,
Das einzige, was zählt,
Es wurde das Gesetz verletzt,
Ich lächelte gequält.

Ja das Gesetz, das kenn ich auch,
Doch was ist mit Vernunft?
Davon macht selten nur Gebrauch
Die richterliche Zunft.

Daß dadurch Unrecht wird gesät,
Was geht's den Richter an,
Er ist, wie sich von selbst versteht,
Ein ehrenwerter Mann.

Mein Einwand, der wär widerlich,
So fiel er mir ins Wort,
Nur selbstgerecht und liederlich,
Den Staatsanwalt vor Ort

Wollt schalten er vielleicht drum ein,
Das fänd ich gar nicht schlecht,
Viel klüger wird der auch nicht sein,
Es lebe hoch das Recht!

---

* Sh.: »Eine wundersame Welt«

Der Gesetzeshüter

Nein, sprach der Gesetzeshüter,
Es gibt keine höhren Güter
Als Gesetze hier im Land,
Sie bewahren den Bestand,

Wenn ich sie nur strikt anwende
Und nicht meine Zeit verschwende
Mit Gedanken, ob ich dann
Menschlich dies vertreten kann;

Ich tat meiner Pflicht Genüge
In dem staatlichen Gefüge,
Mehr ist, und das macht auch Sinn,
Hier in meinem Amt nicht drin.

Denn sonst wärn die Kompetenzen,
Die ich habe zu ergänzen;
Ich müßt, und das leuchtet ein,
Selbst Gesetzesgeber sein.

Der hat, wenn Sie mich befragen,
Die Verantwortung zu tragen,
Ich führ lediglich hier aus,
Bin fein aus dem Schneider raus.

Widerwort fürn Staatsanwalt

Das Gericht ist nicht der Ort,
Wo sich ziemt ein Widerwort;
Der Richter fand es widerwärtig,
War deshalb ganz schnell mit mir fertig.

Drohte mir auch gleich eiskalt
Dafür mit dem Staatsanwalt;
Sollt den Richter ich drum rügen,
Nein, ich hätte mein Vergnügen,

Wenn in diesem Fall der Mann
Wenigstens bis drei zähln kann;
Dann hätt ich auch Grund zu hoffen,
Daß der Streitausgang wär offen,

Daß es Staatsanwälte gibt,
Wo es doch noch richtig piept,
Denn bisher, ich will nicht unken,
Schienen alle mir betrunken,

Weil von nüchternem Verstand
Ich bei ihnen nicht viel fand,
Und die rechtlichen Interessen
Hatten völlig sie vergessen.

Eine wäscht die andre Hand

Hamburgs Landespolizei,
Kann man lesen, war so frei,
Drang zu viert gleich, nicht grad fein,
Bei mir in die Wohnung ein,[*]

So als ob ich ohne Ehr
Gar ein Schwerverbrecher wär;
Die vergangne Nazi-Zeit
Schien zurück mir nicht sehr weit.

Damals war die Polizei
Gleich mit Massenmord dabei,[**]
Doch sensibel wurd sie nicht,
Jedenfalls aus meiner Sicht.

Steht stramm vor dem Denunziant,
Wenn er Einfluß hat im Land;
Ich denk ein Regierungsrat
Hat wohl solchen in der Tat.

Es ist polizeibekannt,
Eine wäscht die andre Hand,
So ging's auch der Mörderbrut
Dann im Rechtsstaat wieder gut.[***]

---

[*] Sh.: »Denunziant im tauben Land«.
[**] Sh.: »Frankfurter Allgemeine« v. 22.09.07: Das BKA
deckt seine düstere Vergangenheit auf.
[***] Sh.: »Frankfurter Allgemeine« v. 22.09.07: Nach dem
Vorbild des Reichskriminalamtes.

Hamburgs Landespolizei
Tischte auf mir Lügenbrei,[*]
Schaun wir, ob ihr Präsident
Sich zur Wahrheit nun bekennt.

---

* Sh.: »Schnelle Brüter«.

Keine Rüge trotz der Lüge

Hamburgs Polizeiverwaltung,
Sie bewahrte ihre Haltung:
Auch wenn Polizisten lügen,
Wär dies keinesfalls zu rügen.

Und, das Widerspruchsverfahren
Könnt mein Anwalt sich ersparen,
Denn wer widerspricht, muß löhnen;
Daran sollt ich mich gewöhnen.

Dazu sag ich: Nein! Mitnichten,
Lassen wir den Richter richten;
Schaun wir, ob die Staatsgewalten
So wie einst zusammenhalten;

Jene Bürger unterdrücken,
Die sich nicht vor ihnen bücken.
Schon recht traurig, doch scheint vage,
Mir der Ausgang meiner Klage.

Trotzdem werd dem Recht zu Ehren
Ich mich wieder einmal wehren,
Um in Reimen vorzutragen,
Was der Richter hat zu sagen.

Doch vernehme er die Kunde:
Mit der Unwahrheit im Bunde,
Richtet er das Recht zugrunde,
Und das Recht geht vor die Hunde.

Was für Penner

Das ist wirklich allerhand,
Was dort in der Zeitung stand,*
Über Luftgewehr und Tauben,
Nun, es ist doch kaum zu glauben.

Wer dies schwarz auf weiß gern hätt',
Lese nach im Internet:
5OO EURO, mit Verlaube,
Preis für eine tote Taube,

Die von einem Zeitgenossen
Wurd im Garten abgeschossen.
Schießen mit dem Luftgewehr
Darf er weiter, bitte sehr.

Ich hab Tauben nur vertrieben,
Wie in meinem Buch beschrieben;**
Schert die Polizei 'nen Dreck,
Nahm das Luftgewehr mir weg.

Um ihr Vorgehn noch zu krönen,
Mußte ich zur Strafe löhnen;***
Staatsanwalt- und Richterschaft
Zeigten ihre Urteilskraft.

War denn allen unbekannt,
Was schon in der Zeitung stand?
Ich frag, was sind das für Penner,
Wer bringt dies auf einen Nenner?

---

*   *Archiv für »Berliner Zeitung«*
** *»Bürger wacht auf«*
*** *EURO 6.500,–*

Der leidige Richter

Der Richter tat mir richtig leid;
Was sollte er auch sagen?
Saß da im schwarzen Robenkleid,
Begann dann vorzutragen:

Der Staat, mein Staat hat immer recht,
Hat mir das Recht gegeben,
Auf seine Kosten, das nicht schlecht,
In diesem Land zu leben.

Da muß ich ihm doch dankbar sein,
Und zwar aus freien Stücken,
Ich stellte mir sonst selbst ein Bein,
Fiel ich ihm in den Rücken.

Das war zu allen Zeiten gleich,
Daran wird sich nichts ändern,
Beim Kaiser schon, im Deutschen Reich,
Sowie in andern Ländern.

Deshalb gibt es auch keinen Grund
Zum Widerspruch, zum Klagen,
Was immer dieser Staat tut kund,
Muß man mit Fassung tragen.

Den Wahrheitsunterdrückern

Die Mächtigen im deutschen Land,
Die Wahrheit unterdrücken,
Stoßen bei mir auf Widerstand,
Vor ihnen mich zu bücken,

Dazu nun bin ich nicht bereit,
Werd mich nicht davor scheuen,
Mit Mut in Furchen unsrer Zeit
Auch Taten einzustreuen.[*]

Die mit Wahrhaftigkeit gesät,
Solln einmal Früchte tragen,
Den Mächtgen, wenn's zur Ernte geht,
Bereiten Unbehagen.

---

[*] Sh.: Friedrich v. Schiller, Gedankengedichte, »Der Sämann«.

Fortschritt

Hitler hat den Mensch, der denkt,
Per Gerichtsbeschluß gehenkt,
Wenn er wagte aufzumucken,
Wollt vorm Führer sich nicht ducken.

Im geteilten deutschen Staat,
Hinter Mauer, Stacheldraht,
Wurden auf der Flucht erschossen,
Flüchtlinge von den Genossen.

Fragt man, wie wir heute leben,
Will ich gern die Antwort geben:
Ja, wir leben auf dem Mist,*
Der ein großer Fortschritt ist.

---

* Sh.: »Sokrates läßt Deutschland grüßen damit Freiheit
atmen kann«, S. 133, Leben wir denn auf dem Mist?

Zum Strafverfahren

Wahrlich, dümmer geht es nicht;
Man lud mich zum Strafgericht,
Weil ich, wirklich wunderbar,
Im Besitz von Waffen war,

Nachdem dies ward untersagt;
Deshalb wurd ich angeklagt.
Erst dacht ich, es sei ein Witz;
Falsch gedacht, ein Geistesblitz

Unsrer werten Polizei;
Das Gericht war drauf so frei,
Zeigte seinen geistgen Rang,
Zog gleich mit am selben Strang.

Den Besitz, es fragt sich bloß,
Wie wohl wird man solchen los,
Wenn, hätt man ihn fortgebracht,
Man erst recht sich strafbar macht.

Das hätt denen gut gepaßt,
Hätten sie mich dann gefaßt,
Mit den Waffen außer Haus,
Wär dies endgültig das Aus.

Deshalb nun verstrich die Frist,
Die zwar gleichfalls strafbar ist,
Bis die Polizei selbst kam
Und die Waffen an sich nahm.

Das ist hier der geistge Stand
Im gelobten deutschen Land;
Da wundert es wirklich nicht,
Daß die Pleite ist in Sicht.

Wieder mal im Strafgericht

Hier nun ist er, mein Bericht,
Wieder aus dem Strafgericht,[*]
Unser Anwalt ist dabei,
Selbstverständlich Polizei;

Jemand, wie es sich gebührt,
Der das Protokoll hier führt;
Dann, für mich ein neuer Brauch,
Hamburgs Staatsanwaltschaft auch,

Und, dies freut mich, immerhin,
Zudem eine Richterin.
Doch bei ihrem geist'gen Rang,
Währte Freude nicht sehr lang,

Denn es wurde ganz schnell klar,
Daß sie sich schon einig war,
Mit des Staates Anwaltschaft;
So trat folgendes in Kraft:

Richterin vom Strafgericht,
Mit dem strafenden Gesicht,
Gab nach einer halben Stund'
Ihre Urteilsfindung kund:

Sie sind schuldig, einwandfrei,
Denn die werte Polizei,
Da sie Freund und Helfer sei,
Wär gekommen gern vorbei;

Hätt die Waffen einkassiert,
Sogar den Empfang quittiert;
Doch es fehlte Ihr Gesuch,
Das ist in der Tat ein Fluch,

Der Sie nunmehr schuldig macht;
Uns hat er was eingebracht,
Und so fließt nun mangels Masse
Ganz schön was in unsre Kasse.**

So weit die Frau Richterin,
Ja, sie langte richtig hin,
Hatte aber unterdessen
Dabei sicherlich vergessen,

Daß mein Anwalt tätig war,
Interessiert nicht, offenbar,
Oder wollte sie's nicht glauben,
Um Moneten abzustauben?

War's vielleicht ein Akt der Macht,
Hatte sie sich wohl gedacht,
Um den Schreiber klein zu kriegen,
Werd ich auch das Recht verbiegen?

So könnt es gewesen sein,
Dazu fällt noch manches ein;
Das jedoch will ich mir schenken,
Mag sich jeder selber denken.

Dem, der trotzdem noch mal fragt,
Sei zum Abschluß dies gesagt:
Ich denk, solche Rechtsstrategen
Sollten besser Straßen fegen.

---

*   Sh.: Mir reicht's! Deutschland ade »Im Strafgericht«,
     S. 62
** Strafgeld Euro 6.500,–.

Ein Raffzahn

Wenn man von einem Raffzahn spricht,
Dann denke ich ans Strafgericht,
Und schon kommt mir die Richterin,
Die mich bestrafte, in den Sinn.

Es scherte sie nicht Lug und Trug,
Nein, sie sprang auf den gleichen Zug;
So wurde ich noch mal gelinkt,
Es heißt ja auch, daß Geld nicht stinkt.

Dafür stinkt es in diesem Staat,
Der mich erneut zur Kasse bat;
Den Rechtsstaat hab in meiner Welt
Ich mir ganz anders vorgestellt.

Richter richten Recht zugrunde

Wenn die Richter, im Vertrauen,
Nur auf Paragraphen bauen,
Sich allein darauf beschränken,
Nicht befähigt selbst zu denken,

Und gelenkt von Machtinteressen,
Wahrheit keinen Wert beimessen,
Richten sie, das sei die Kunde,
Wieder mal das Recht zugrunde.

Es heißt, das Levitenlesen
Wäre hilfreich schon gewesen,
Vielleicht, unterlegt mit Psalmen,
Bis die Ohren ihnen qualmen.

Dabei scheint es angemessen,
Dies als Trost nicht zu vergessen:
Auch den Richtern, geistig armen,
Wird der Herrgott sich erbarmen,
Wenn sie ehrlich sich verpflichten,
Sich nach seinem Wort zu richten.

Den Spiegel halten

Heut wolln wir einmal der kalten
Richterin den Spiegel halten,
Direkt vor ihr Angesicht;
Hört nun, was der Spiegel spricht:

Ich schau eine arrogante,
Fade Paragraphentante,
Die im Paragraphgeflecht
Eingesponnen sich erfrecht,

Rechtsverständnis zu verdrehen,
Aus dem Urteil auch zu sehen;
Die dem Recht mit ihrem Geist,
Einen schlechten Dienst erweist.

Gehört zu den Rechtsstrategen,
Welche sollt auf Eis man legen,
Um im Land das Rechtsvertraun,
Neu, von Grund her, aufzubaun.

Wahres Recht vonnöten

Gut ein Jahr verschlief sie ganz,
Um zu überdenken,
Die gerichtliche Instanz,
Mir Gehör zu schenken.

Ziemt es sich denn so viel Zeit
Dabei zu verlieren,
Statt die Ungerechtigkeit
Schnell zu revidieren?

Wird Berufung gar versagt,
Werd ich weiter kämpfen,
Bis ich sterbe, unverzagt,
Ihren Hochmut dämpfen.

Hier im deutschen Rechtssystem
Ist wahres Recht vonnöten,
Macht man es sich zu bequem,
Geht die Freiheit flöten.

Noch ein Rechtsklugscheißer

Aus der oberen Verwaltung
Kam ein weitrer Wadenbeißer,
Paragraphenrechtsklugscheißer,
Obendrein noch zur Entfaltung.

Ihm fiel was Besondres ein,
Nämlich, wie er offenbarte,
Daß ich Waffen dort verwahrte,
Wo sie dürften gar nicht sein.

Das sei ein Verwahrverstoß,
Wozu er im Urteil neigte,
Der Verläßlichkeit nicht zeigte,
Und die Waffen wär ich los.

Nun, das war ein schneller Schuß,
Denn ich hatte für die Waffen,
Größte Sicherheit geschaffen,
Zu schnell, wie ich sagen muß.

Doch das kenn ich vom Gericht,
Richter decken die Kollegen,
Gehn dafür auf krummen Wegen,
Auch wenn so das Recht zerbricht.

Armes Deutschland

Gut drei Jahre sind es jetzt,
Da wurd sie auf mich gehetzt,
Unsre werte Polizei,
Es begann die Schweinerei:

Gegen mich zog, mit Schikanen,
Sie beständig ihre Bahnen,
Ließ mit deutschen Strafgerichten
Ihren Lügenbrei verdichten.

Auch die weiteren Instanzen
Waren einig sich im ganzen;
Bürger, die sich hier nicht bücken,
Muß die Staatsmacht unterdrücken!

Die Berufung wird's nicht geben,
Wurd mir mitgeteilt soeben;
Richter haben dies entschieden,
Wahrheitsfindung streng gemieden.

Und Politiker? Von wegen,
Dieser Fall kam ungelegen;
Was auch immer ich geschrieben,
Resonanz ist ausgeblieben.

Doch gewohnt, in allen Lagen,
Selbst Verantwortung zu tragen,
Kommt eine Verfassungsklage
Für mich nun nicht mehr in Frage.

Ich lernte, mit viel Vertrauen,
In die Unrechtsprechung schauen,
Werde fortan nicht mehr klagen,
Kann nur »Armes Deutschland« sagen.

Rechtlos

Recht haben und Rechthaberei,
Man merke, das ist zweierlei;
Die Polizei im Lügenbrei,[*]
Steht wieder mal für Nummer zwei;

Und das Gericht zeigt sich beflissen,
Fernab von Wahrheit und Gewissen;
Es unterstützt Rechthaberei,
Geht auch das Recht dabei entzwei.

So hab ich einen Tritt bekommen,
Dies bleibt den Richtern unbenommen,
Auch wenn man Recht hat, zählt das nicht
Beim Oberverwaltungsgericht.

---

* Sh.: »Die Lügenpolizei« in »Bürger wacht auf!« Seite 34.

Ein feiner Staat

Recht und Freiheit sollt ich schützen;
Dafür zog man mich einst ein,
Um dem deutschen Volk zu nützen,
Mußt ich gut gerüstet sein.

Lernt' den Wurf mit Handgranaten,
Schoß mit dem Maschin'gewehr,
Panzerfaust, schlug mit dem Spaten,
Unsrem Vaterland zur Ehr.

Weil ich mich so gut bewährte,
Ging ich ab als Offizier,
Der den Waffenumgang lehrte,
Und man gratulierte mir.

Heute nun ist das vergessen,
Man zog die Pistole ein,
Die zum Selbstschutz ich besessen,
Dies würd zu gefährlich sein.

Es war eine Schreckschußwaffe,
Die durch ihren lauten Knall,
Das begreift wohl selbst ein Laffe,
Schützen sollt vor Überfall.

Für die Polizei hingegen
War das gar nicht zu verstehn,
Sah, tat schriftlich dies belegen,
Nun von mir Gefahr ausgehn.

Ging's um Raub und Überfälle,
Und die gab es hier zuhauf,
War sie aber nie zur Stelle,
Nahm ein Protokoll nur auf.

Recht und Freiheit mein Bestreben,
Setzte ein mich in der Tat;
Jetzt könnt ich mich übergeben,
Schau ich diesen feinen Staat.

Das Glied ist ab

Frau Regierungsoberrat,*
Denunziant im tauben Staat,
War mal wieder auf der Hut;
Heute kochte sie vor Wut,

Als sie ihren Nachbarn sah,
In dem Garten, was geschah?
Hat der doch mit seinem Glied
Eine Taube angepiet.

Das war wirklich Quälerei,
Etwas für die Polizei;
Die kam nach dem Hilfeschrei
Der Frau Rat sofort vorbei.

Brachte den Fall zu Papier,
Schimpfte, das hier melden wir
Umgehend dem Staatsanwalt,
Weiteres erfahrn Sie bald.

Kurz darauf begann die Schau
Bei Gericht mit einer Frau;
Die beschied im Urteil knapp,
Rigoros, das Glied muß ab.

Das steht nun bei ihr zu Haus,
Neben einem Blumenstrauß
Mit Schreiben der Frau Oberrat
Zum Dank für diese gute Tat.

---

* Sh.: »Frau Regierungsoberrat« in »Widerstand den Affen-
ärschen« S. 53

Ohne Braut kein Glied

Man weiß es, des Soldaten Braut,
Ist nun mal sein Gewehr;
Das hat die Polizei geklaut,
Nun hab ich keine mehr.

Doch ohne Braut brauch ich kein Glied,
Sagt die Frau Richterin,
Und ich geb zu, wie sie das sieht,
Macht dies auch durchaus Sinn.

Sie kann erbringen den Beweis,
Auch ohne Glied im Test,
Gibt uns in einer Sitzung preis,
Wie sie ihr Wasser läßt.

Doch den Beweis, ich brauch ihn nicht,
Mir ist auch so schon schlecht;
Da üb ich wirklich gern Verzicht,
Bei dem, was sie nennt Recht.

Wenn Sie durch den Brehmweg gehn,
Werden Sie die Mauer sehn,
Vor dem eignen Haus zum Schutz
Und der Staatswillkür zum Trutz.

Zwar umfaßt sie nur derweil,
Einen eher kleinen Teil,
Doch der Anfang ist gemacht,
Weitres auf den Weg gebracht.

Was sie noch bewirken kann?
Sie regt wohl zum Denken an;
Dadurch schafft sie, immerhin,
Auch aus diesem Grund schon Sinn.

Heuchelei

Am U-Bahnhof, nah unsrem Haus,
Man mag es ja kaum glauben,
Da warn zu sehn, tagein tagaus,
Gleich ein paar hundert Tauben.

Jetzt sind sie fort, was ist geschehn,
Wo sind sie nur geblieben?
Vereinzelt kann man welche sehn,
Wer hat sie dort vertrieben?

Ich fragte bei der Polizei,
Die kam doch unumwunden,
Wegen der Taube gleich vorbei,
Die man tot aufgefunden.[*]

Doch nun, die Polizei sie zeigt
Sich gar nicht sehr beflissen,
Und auch das Umweltamt, es schweigt,
Will ebenfalls nichts wissen.

Vielleicht versprach man ihnen Spaß,
Die Reise zum Vergnügen,
In warme Länder, das hat was,
Um Tauben zu betrügen.

Wie damals, keiner kam zurück,
Da ging's in Richtung Osten,
Im Abtransport zum neuen Glück,
Die Polizei stand Posten.

Vielleicht hat man den Tauben auch
Ein leckres Mahl versprochen,
Sodann nach altbewährtem Brauch,
Darauf sein Wort gebrochen.

Das Mahl wurd ihnen aufgetischt,
Sie haben es verschlungen,
Es war jedoch mit Gift vermischt,
Dann mit dem Tod gerungen.

Die eine Taube braucht man um
Gezielt zu diffamieren;
Bei hundert andren wird man drum,
Nicht ein Wort mehr verlieren.

---

* Sh.: »Frau Pöbelmann« in »Bürger wacht auf!« S. 23 u. 24

Nachruf für meine Taube

Meine Taube kommt nicht mehr,
Man zog sie aus dem Verkehr;
Ich denk, vom Amt angestiftet,
Wurd sie ebenfalls vergiftet.

Doch auch sie lebt weiter hier,
In Erinnerung bei mir,
Ich halt, werd es niemals brechen,
Darauf ganz fest mein Versprechen,

Den verdorbnen Amtsstrategen,
Stell ich weiter mich entgegen,
Werd ihnen, darauf kann man bauen,
Noch mehr auf die Finger schauen.

Wehrt euch!

Es ist das Gebot der Stunde,
Wehrt euch gegen Schweinehunde!
Überall sind sie dabei,
Bei Gerichten, Polizei.

Drangsalieren, abkassieren,
Sich im Eigenlob verlieren,
Das ist unsre Wirklichkeit,
Bürger, habt ein wenig Schneid!

Nicht in Angst, wie Hasen, ducken,
Besser ist es, aufzumucken,
Und statt weiterhin zu schlafen,
Mit Verachtung sie zu strafen.

Märchen vom Bergdorf

In Hamburg gibt's ein Dorf an den Bergen,
Mit einem Amt von rechtlichen Zwergen
Und einem Dorfschmied als Rechtsanwalt,
Von ganz erbärmlicher Rechtsgestalt.

Der schmiedet dort Ringe schief und krumm,
Führt Richter damit an der Nase herum,
Die ihm in seinem schändlichen Treiben,
Aus diesem Grund wohl gewogen bleiben.

Gilt es gerichtlich zu entscheiden,
Dann sollte man das Bergdorf meiden,
Solang der Rechtsverdrehungsschmied
Dort weiter seine Bahnen zieht.

Blindeschleich und der Vergleich

Offen stell ich hier die Frage,
Nützt es etwas, wenn ich klage
Als Vermieter, der ich bin,
Oder hat man ohnehin
Mit Vermietern nichts im Sinn,

Wenn der Mieter dich betrügt,
Deine Hab zerstört und lügt,
Und beim Staate angeschmiegt,
Ihm auf seiner Tasche liegt?

Nun, es läßt sich kaum verhehlen,
Der Beklagte müßt erst stehlen,
Um den Schaden auszugleichen,
Und die Kosten wär'n zu streichen.

Doch der Richter Blindeschleich
Bietet an mir den Vergleich:
Sie bezahlen von den Posten
Der Gerichts- und Anwaltskosten,

Siebzig Prozent, wunderbar,
Was bezweckt wird, scheint mir klar;
So kommt fürs Gericht was rein,
Es stellt das Verfahren ein;

Das ist heute deutsches Recht,
Nun, mir war schon vorher schlecht,
Denn ich wußte ja, das Klagen
Sollt man besser sich versagen.

Blindeschleich bringt mich zum Lachen

Er ist außer sich gewesen
Als er das Gedicht gelesen,
Von sich, dem Richter Blindeschleich,
Mit seinem Vorschlag zum Vergleich.

Von dem Vorschlag dürft mitnichten
Man berichten in Gedichten,
So etwas in Versergüssen,
Könnt sonst führn zu falschen Schlüssen.

Fehlt nur, daß in dieser Sache
Man sich auch noch lustig mache,
Über Richter Blindeschleich
Im bergdorflichen Rechtsbereich.

Deshalb wollt der ehrenwerte
Blindeschleich mit aller Härte,
Diesen Fall zum Abschluß bringen,
In die Knie den Kläger zwingen.

Dementsprechend, das am Rande,
Kam sein Urteil dann zustande,
Sollt beim Kläger Wut entfachen,
Der konnt nur darüber lachen.

Richter als Vermietungsdiener

Bei dem, was mir die Richter bieten,
Werd ich nun nicht mehr vermieten,
Und ich überlaß es ihnen,
Wohnraum selber anzudienen.

Zimmer in den Amtsgebäuden
Sollt man länger nicht vergeuden,
Nach Dienstschluß, zum Überleben,
Obdachlosen übergeben.

Richter wären zu verpflichten,
Zimmer morgens herzurichten,
Solln zuerst sinnvoll gestalten,
Danach ihres Amtes walten.

Praxisnähe, würd ich sagen,
Wird zur Urteilskraft beitragen,
Falln sie rein auf Mietnomaden,
Zahlen Richter für den Schaden.

Der Paragraphenhaufen

Man könnte sich die Haare raufen,
Sie baun am Paragraphenhaufen,
Der, wie ein großer Haufen Mist,
Kaum noch zu überblicken ist.

Auf diesem Haufen wird gerichtet,
Die Wahrheit selten nur gesichtet,
Wenn Rechtsverdrehungsakrobaten
Hier gründlich ihre Arbeit taten.

Den Haufen übersichtlich machen,
Da müssen Rechtsverdreher lachen,
Denn darin finden sie gewiß
Auch einen Schlüssel zum Beschiß.

Herr Rechtskondom

Das Recht hier treibt schon arge Blüten,
Wenn Rechtsverdreher es verhüten,
Und solche traf ich in Gestalt
Als Richter, Staats- und Rechtsanwalt.

Die Namen will ich gar nicht nennen,
So mancher wird sie selber kennen,
Was ich als Anrede nun fand,
Geb ich dagegen gern bekannt.

Herr Rechtsanwalt und Euer Ehren,
Dies gilt es ihnen zu verwehren,
Man sagt fortan Herr Rechtskondom
Zu einem Rechtsverhütungsgnom.

Für Rechtsblinde

Für Blinde, in den Rechtsbereichen,
Ist noch etwas nachzureichen:
Wer sie sucht, die rechten Wege,
Schließt mit Gesocks keine Verträge.

Der wird auch seine Hand nicht reichen,
Um sich mit diesem zu vergleichen;
Das sollten Richter auch verstehen,
Wenn sie die gleichen Wege gehen.

Wenn nicht, dann ist es Zeitverschwenden,
Sich den Gerichten zuzuwenden,
Und die Kosten fürs Verfahren
Kann man besser sich ersparen.

Die Leichenträger

Richter sollten Rechte pflegen,
Was sich mir bot, spricht dagegen;
Sie war'n nicht des Rechtes Pfleger,
Sondern dessen Leichenträger.

So kann ich den Rechtsstaat orten,
Nur in Reden, schönen Worten;
Mein Recht wurde unverhohlen,
Von den Richtern mir gestohlen.

Damit auch das Rechtsvertrauen,
Darauf läßt sich nicht mehr bauen,
In dem Land von selbstgerechten,
Eitlen Paragraphenknechten.

Vom Bergdorf nach Schwarzenbek

Vom Dorf an den Bergen nach Schwarzenbek
Ist es nur ein kurzer Weg,
So daß der Rechtsverdrehungsschmied
Auch dort beeinflußt, was geschieht.

Er wird mit seiner Tour, der krummen,
Wohl weitere Richter noch verdummen;
Mal sehn, ob die in Schwarzenbek
Erbringen hierfür den Beleg.

Darüber werden wir berichten
In den dann folgenden Gedichten;
Zu wünschen wär, daß man dem Schmied
Mal richtig lang die Ohren zieht.

Ein Esel

Daß man dem Rechtsverdrehungsschmied
Die Ohren in die Länge zieht,
Nun, dazu kam es leider nicht
Beim Schwarzenbeker Amtsgericht.

Mit Eselsohrn den Rechtskondom,
Ihn gab's vielleicht im alten Rom,
Doch heute gilt's zu wahrn den Schein,
Ein Esel könnt im Rechtsverein
Als solcher sichtbar, störend sein.

Hohles Gericht

»Hohes Gericht«
Die Anrede verdient es nicht.
Wird Wahrheitsfindung nicht zur Pflicht,
Dann halt ich es für angemessen,
Das »l« dabei nicht zu vergessen.

»Hohles Gericht«, das passt dann eher
Und kommt der Wahrheit gleich viel näher.

Nieten

In verschiednen Rechtsbereichen
Traf ich Nieten ohnegleichen,
Die mit zwei Begriffsinhalten
Ihre Wirksamkeit entfalten.

Nieten, die zusammenstecken
Und sich gegenseitig decken,
Um im Rechtsstreit zu obsiegen,
Auch wenn sie das Recht verbiegen.

Nieten, die, im Geiste mager,
Sich kreieren als Versager,
Als Vertreter von Interessen,
Wahrheit keinen Wert beimessen.

Widerstand tabu im Land

Das bei Polizei, Gericht
Keiner eine Lanze bricht
Für den Kampf um Recht und Ehr,
Mich verwundert das nicht mehr.

Wieder mal, welch eine Schmach,
Liegt das Rechtsbewußtsein brach,
Oder ist es Feigheit nur
In der deutschen Leidkultur?

Nun, ganz gleich, wie dem auch sei,
In der Tat ist man nicht frei,
Und es scheint, der Widerstand
Liegt nur noch im meiner Hand.

Gedankenfreiheit

Die Gedanken sind frei,
Sie sind fortgeflogen,
An Gerichten vorbei
In schwungvollem Bogen.

Sie haben die Freiheit
Im Fluge genossen,
Für Richter zu weit
Mit ihren Geschossen.

Sie landeten nun
In Büchern, Broschüren,
Lässt man sie dort ruhn,
Wohin wird das führen?

Wenn Richter sie finden,
Kann's wieder passieren,
Daß sie dort verschwinden,
Die Freiheit verlieren.

Dem Recht beistehn

Ich denk, ich muß dem Recht beistehn,
Und ebendies ist auch geschehn,
Sonst wird es noch zugrunde gehn,
Man hat das mehrmals schon gesehn.

So machte ich nun, Band für Band,[*]
Die Bücher allgemein bekannt,
Als pflichtbewußter Rechtsbeistand,
Der Titel wurd mir zuerkannt.

Ob das die Richter auch verstehn?
Schön wär es, wenn sie in sich gehn
Und gleichfalls für das Recht einstehn,
Es zukünftig nicht mehr verdrehn.

Wie haben sie das aufgenommen?
Die Antwort werden wir bekommen,
Wenn sie demnächst, zu meinen Händen,
Mal wieder einen Schriftsatz senden.

---

[*] »Bürger wacht auf!«, »Widerstand den Affenärschen!«,
»Die Glüh-Birne«.

Suchst Du Recht[*]

Suchst Du Recht bei dem Gericht,
Denke vorher an die Richter;
Mancher wagt das Richten nicht,
Fühlt sich deshalb mehr als Schlichter.

Das Ergebnis der Vergleich,
Oft ein fauler Kompromiß,
Der Dir so gespielte Streich
Bleibt zur Hälfte ein Beschiß.

Manchmal nur geht's gradeaus,
Schleicht denn Recht auf krummen Wegen?
Wenn Du kannst, dann bleib zu Haus,
Vom Gericht kommt selten Segen!

Mancher macht die Augen zu,
Ohne Glück ergeht's Dir schlecht,
Spielt beim Richten »Blinde Kuh«,
Und der Zufall wird zum Recht.

Spricht der Richter doch für Dich
Kommt vielleicht noch 'ne Instanz,
Und der nächste richterlich
Tritt Dir voll auf Deinen Schwanz.

Manchmal nur geht's gradeaus,
Schleicht denn Recht auf krummen Wegen?
Wenn Du kannst, dann bleib zu Haus,
Vom Gericht kommt selten Segen!

Denke auch noch an die Kosten
Und die Zeit, die Du verlierst,
Recht beachtlich dieser Posten,
Wenn Du alles gut addierst.

So kann, selbst wenn Du obsiegst,
Recht für Dich recht teuer sein,
Und wenn Du Dein Recht nicht kriegst,
Stimmst Du sicherlich mit ein.

Manchmal nur geht's gradeaus,
Schleicht denn Recht auf krummen Wegen?
Wenn Du kannst, dann bleib zu Haus,
Vom Gericht kommt selten Segen!

---

* *Gesungen von Gerd Knesel, Sh.; Lyrikband »Im Stadium*
der Reife«, S. 62 und 63

Gedenktafeln

Sie sollten die Gedanken lenken
Zum anteilnehmenden Gedenken;
Im menschenwürdigen Bestreben
Der Wahrheit selbst die Ehre geben.

Nur dadurch könnten sie beweisen,
Daß sie im Geist nicht fahrn auf Gleisen,
All derer, die das Feuer schürten
Und unser Land zum Abgrund führten.

Doch fürs Gedenken hat man Tafeln
Vor den Gebäuden; drinnen schwafeln
Sie fern der Wahrheit, ungebrochen,
Im Machtrausch, um zu unterjochen.

Einen Bogen ums Gericht

Seh ich das Gerichtsgebäude,
Dann vergeht mir jede Freude;
Wurd gerichtet, hier einst scharf,
Für Großdeutschland nach Bedarf.

Hab mit der Nachfolge-Brut
Nazi-Deutschlands nichts am Hut,
Wenn ihr das Bewußtsein fehlt,
Für das, was beim Richten zählt:

Jedes Menschen Würde achten,
In der Wahrheit Licht betrachten
Zuvor, was in Frage steht,
Eh' ein Urteilsspruch ergeht.

Dies wurd selten mir zuteil,
Deshalb mache ich derweil,
Fühl mich vom Gericht betrogen,
Ums Gebäude einen Bogen.

Wahrheit nicht gefragt

Wer unverblümt die Wahrheit sagt,
Ist hier im Lande nicht gefragt;
So kann man sie bei den Gerichten,
Wie ich erfuhr, nur selten sichten.

Entscheidend ist das Machtkalkül,
Fernab von Wahrheit und Gefühl;
Die Richter können ja gut schlafen,
Im sichren Paragraphenhafen.

Das war zu allen Zeiten gleich,
Genauso auch im dritten Reich,
Doch das verschweigt man sehr beflissen,
Will davon heute nichts mehr wissen.

Zum Grundgesetzlichen

Die Richter haben schnell erkannt,
Daß ich ein Niemand bin im Land;
Werd ich dem Unrecht ausgesetzt,
Wird deshalb auch kein Recht verletzt.

So spuckte mir das Landgericht
In Volkes Namen ins Gesicht,
Weil es nicht zu glauben wäre,
Daß ein Niemand hätte Ehre.

Bei einem hohen Herrn dagegen,
Ist Wert auf dessen Ruf zu legen,
Weil wehe dem, der das vergißt,
Er ohne Zweifel jemand ist.

So spuckte mir das Landgericht
In Volkes Namen ins Gesicht;
Die hohen Herrn, sie sind zu schützen,
Mir wird Protest kaum etwas nützen;

Werd ich willkürlich angegriffen,
Dann werden sie nicht ausgepfiffen,
Denn niemand darf man ja verletzen,
Entnahmen Richter den Gesetzen.

So spuckte mir das Landgericht
In Volkes Namen ins Gesicht;
Daß ich ein menschlich Wesen bin,
Kam ihm dabei nicht in den Sinn.

Pforten zum Unrecht

Schweigen, schweigen; schweigen, schweigen;
Nur nicht selber Flagge zeigen,
War den Bürgern stets zu eigen,
Tief den Kopf nach unten neigen.

Paragraphen, Paragraphen;
Darauf läßt es sich gut schlafen,
Ohne selbst zu denken, strafen,
In dem Paragraphenhafen.

So war's auch zu Adolfs Zeiten;
Dafür das Bewußtsein weiten,
Daß die Rechte nicht entgleiten,
Macht es lobenswert zu streiten.

Heut preist man mit schönen Worten
Diesen Rechtsstaat allerorten,
Doch weit offen stehn die Pforten
Für Schandrichter und Konsorten.

Fehlgeleitete Rechtskultur

Von der Leidkultur verschandelt,[*]
Wie der letzte Dreck behandelt,
So zeigt unser deutscher Staat
Mir sein rechtliches Format.

Da kann ich nur gratulieren;
Rechtsorgane, sie marschieren,
Stolz und selbstherrlich zumeist,
Ohne Läuterung im Geist.

Wenn sich derart fehlgeleitet
Unsre Rechtskultur ausbreitet,
Hätten wir es weit gebracht;
Welch ein Alptraum, gute Nacht!

---

* Sh.: »Die Leidkultur« und »Die Leitkultur« in: Mir reicht's!
Deutschland ade, S. 82 u. 83.

Habt mich gern

Es reicht mir und insofern
Sage ich, habt mich mal gern,
Wenn vom Vielen, das ich schrieb,
Etwas bei euch hängen blieb.

Mir ist's gleich, aus welchem Grund,
Was ich denke, tat ich kund,
Und in meinem Tun und Denken
Lasse ich mich nicht beschränken.

Fühlt die Staatsmacht sich gekränkt
Durch das, was ich ihr geschenkt,
Wär mein Wunsch, daß es bleibt hängen,
Lange noch in ihren Fängen.

Für die Ohren

Solange ich atme, werde ich denken
Und was ich denke zum Besten geben;
Es ist nicht die Absicht, doch sollt es euch kränken,
Dann trachtet mir ruhig nach meinem Leben.

Es naht ohnehin unausweichlich das Ende,
Da möchte ich mir nichts schuldig bleiben,
Und manches könnt ihr, was ich gut fände,
Euch gerne hinter die Ohren schreiben.

Menschenwürde

Unantastbar ist die Würde,
Wie im Grundgesetz es heißt,
Bildet oftmals keine Hürde,
Die als Hemmnis sich erweist.

Richtschnur für die Staatsorgane
Ist die Nützlichkeit, der Zweck,
Sie drehn nach dem Wind die Fahne,
Schnell ist da die Würde weg.

Daß Würde unantastbar sei,
Es ist zwar zu begrüßen,
Schließt ja nicht aus, man ist so frei,
Daß man sie tritt mit Füßen.

Würdevoll, in Wahrheit leben,
Bleibt ein Wunsch, hier in der Welt,
Dennoch sei es Dein Bestreben,
Bist allein auf Dich gestellt.

Den Anfängen wehren!

Wenn sie sich vermehren,
  Dann führt ihre Saat
  Hin zum Nazi-Staat.

Den Anfängen wehren!
Wenn sie sich vermehren,
  Dann führt ihre Saat
  Hin zum Mauer-Staat.

Den Anfängen wehren!
Wenn sie sich vermehren,
  Dann führt ihre Saat
  Zum Gefängnis-Staat.

*Die Auswahl der Gedichte dieses Buches erfolgte aus
nachstehenden Lyrikbänden:*

Erlebnisse im Hotel mit König Alfred und seinem Hanswurst unter
Berücksichtigung der Zensur durch das Landgericht Hamburg

Sokrates läßt Deutschland grüßen, damit Freiheit atmen kann

Mir reicht's – Deutschland ade

Bürger wacht auf! Zum Obrigkeitsstaat

Widerstand den Affenärschen! Grundgesetz ade

Die Glüh-Birne zur Warnung und Erleuchtung

Schlaf Bürger schlaf, dies Buch lies nicht, sei brav!

Armes Deutschland

»Kampfbereit« wie Bruder Jesus allezeit

Im Stadium der Reife

Für Dich – Eine Nachlese

Weiter auf der Hühnerleiter

Erlebnisse im Hotel mit König Alfred und seinem Hanswurst unter Berücksichtigung der Zensur durch das Landgericht Hamburg. Der Kampf eines Bürgers gegen ein Unternehmen mit faschistoiden Verhaltensweisen. Band I–X
Band I: ISBN 978-3-8334-7985-4

König Alfred und sein Hanswurst
Ein MALBUCH mit 66 heiteren Geschichten in Versform
ISBN: 978-3-8334-8037-9

Sokrates läßt Deutschland grüßen – damit Freiheit atmen kann
ISBN 978-3-8334-7988-5

Das große Kochbuch
Ein Menü für Juristen und verantwortungsbewußte Staatsbürger
ISBN 978-3-8334-7987-8
Kurzfassung der Bande „Erlebnisse im Hotel I–VIII" in acht Kapiteln auf 526 Seiten mit den kompletten Vorworten und 327 Gedichten

Mir reicht's – Deutschland ade
ISBN 978-3-8334-7986-1

Bürger wacht auf!
Zum Obrigkeitsstaat
ISBN 978-3-8370-2276-6

Daß Liebe unser Leben durchdringt ...
ISBN 978-3-8334-7977-9

Für Dich
ISBN 978-3-8334-7975-5

Nur noch für Dich – Eine Liebeserklärung, Band I–III
Band I: ISBN 978-3-8334-7976-2
Band II: ISBN 978-3-8334-8769-9
Band III: ISBN 978-3-8334-7406-4

Anfang und Ende – Gedichte für einen geliebten
Menschen
ISBN: 978-3-8334-8770-5

 Für Dich – Eine Nachlese
ISBN: 978-3-8370-6224-3

 Du lebst in mir.
Die Trauer eines vereinsamten Menschen
ISBN: 978-3-8391-9300-6

 Widerstand den Affenärschen!
Grundgesetz ade
ISBN: 978-3-8391-5609-4

 Die Glüh-Birne
Zur Warnung und Erleuchtung!
ISBN: 978-3-8391-5761-9

 Schlaf, Bürger, schlaf
Dies Buch lies nicht, sei brav!
ISBN: 978-3-8423-0466-6

Armes Deutschland
Kritische Betrachtungen zur Rechtslage
der Nation und einiges mehr.
In Versform
ISBN: 978-3-8423-9549-7

„Kampfbereit" wie Bruder Jesus allezeit
Zu Guttenberg bewahr uns vor
Trittihnnesen, Gysi-tor! Die Verleumder
hier im Land mach ich weiterhin bekannt.
ISBN: 978-3-8448-7206-4

Nachruf für einen geliebten Menschen
Gedichte für Traueranzeigen
ISBN: 978-3-8448-4202-9

Im Stadium der Reife
ISBN: 978-3-8448-3382-9

Zur Lebensbegleitung
Eine Auswahl besinnlicher Gedichte als
Richtschnur für das Leben
ISBN: 978-3-7322-1842-4

„Ein Unrecht-Staat" mit „Nachruf"
für Hubertus Scheurer und weiteren
Gedichten
ISBN: 978-3-7322-2636-8

Himmelfahrten zu Gottvater als zweiter
Sohn und sein Berater
ISBN: 978-3-7322-1245-3

Die frivolen Geschichten mit König Alfred und seinem
Hanswurst
ISBN 978-3-7357-6710-3

Weiter auf der Hühnerleiter
ISBN 978-3-8334-8038-6